Sólo para chicas

Texto de Sarah Delmege
Ilustraciones de Lee Wildish

PaRragon

Bath · New York · Singapore · Hong Kong · Cologne · Delhi · Melbourne

Publicado por Parragon en 2010
Copyright © de la edición en español 2009:
Parragon Books Ltd
Queen Street House
4 Queen Street
Bath BA1 1HE
Reino Unido

Traducción del inglés: Almudena Sasiain para LocTeam, Barcelona
Redacción y maquetación de la edición en español: LocTeam, Barcelona
ISBN 978-1-4075-4822-7
Impreso en China – Printed in China

ÍNDICE

Hablemos del cuerpo **7**

Desarrollo del pecho . . . etapas del desarrollo . . . tamaños y formas . . . el sujetador . . . la talla justa . . . ¿qué sucede en el interior? . . . la regla . . . ¿cómo controlar el flujo? . . . el SPM . . . la piel . . . granos . . . herpes labiales . . . la piel y la alimentación . . . protección contra el sol . . . el pelo . . . técnicas depilatorias . . . el físico . . . lo que piensan los chicos...

La salud **43**

Tipos de alimentos . . . ¡más comida! . . . conclusión

Tus emociones **51**

Tus sentimientos . . . ¿con quién puedo hablar? . . . habla de tus sentimientos . . . amistades . . . ¿cómo resistir la presión? . . . flechazos . . . la vergüenza . . . ¿qué puedo hacer?

Chicos **73**

En los chicos es distinto . . . en el interior

¡Socorro! ¿Tienes un dilema? **79**

Índice alfabético **96**

Los cambios que te esperan

La pubertad es tiempo de crecimiento y cambios. La mayoría de las chicas entran en la pubertad entre los 8 y los 13 años. Normalmente esta fase termina cuando el cuerpo alcanza el tamaño y peso de una persona adulta, hacia los 15 o 17 años.

Puede que tengas la misma edad que una amiga y, sin embargo, no te empieces a desarrollar al mismo tiempo. Eso puede ser bastante engorroso para ambas, aunque al final terminaréis llegando al mismo punto.

¿Qué me va a ocurrir?

Tu cuerpo experimentará muchos cambios que podrán producirse en diverso orden. A continuación te enumeramos los principales:

- ✪ Se te desarrollará el pecho.
- ✪ Crecerás, ganarás peso y te harás más fuerte.
- ✪ Se desarrollarán tus órganos sexuales.
- ✪ Te empezará a salir vello en el pubis, las axilas y las piernas.
- ✪ Se te ensancharán las caderas.
- ✪ Te vendrá la regla.

¡Alimento para el cerebro!

Lee este libro de principio a fin o simplemente hojéalo cuando precises información extra. Está lleno de explicaciones, diagramas, consejos e historias de la vida real de otras lectoras. Muchas de las cosas que te suceden son incómodas; algunas, divertidas y otras te causarán temor.

Sin embargo, cuando termines de leer tendrás una idea de lo que te está ocurriendo y podrás contar con algunos consejos para evitar o afrontar situaciones delicadas.

Nota informativa

Durante la pubertad vas a engordar; quizás llegues a ganar el doble de peso. En parte será porque te han crecido los huesos y en parte porque tus órganos internos se han desarrollado, pero también es un hecho que tendrás más grasa que los chicos porque vas a necesitarla cuando seas mayor.

A lo largo de este libro encontrarás los siguientes símbolos. Esto es lo que significan:

 **Testimonios** ¡Historias reales!

 **Sugerencia** ¡Consejos de especialistas!

 **Nota informativa** ¡Datos técnicos!

Hablemos del cuerpo

¿Qué me va a ocurrir?

Esta sección del libro trata sobre los cambios de tu cuerpo. ¡Prepárate para averiguar todo lo que debes saber!

Desarrollo del pecho

No hay duda. Los senos llaman siempre la atención. ¡Y hay que ver el estrés que sienten las chicas cuando les crecen!

Por desgracia nadie puede decidir cuándo comienza su desarrollo. A la mayoría de las chicas esto les ocurre después de los 10 años, pero a algunas les empieza a crecer el pecho incluso antes. Algunas muchachas se desarrollan al mismo tiempo que sus amigas, mientras que otras van muy adelantadas o atrasadas con respecto a las demás. Una cosa sí es segura: no serás la única que compare su busto con el de las otras chicas. Eso es algo muy femenino.

¿Por qué crece el pecho?

Fundamentalmente por el incremento en
el organismo de unas hormonas llamadas
estrógenos que indican a las glándulas
mamarias que deben empezar a desarro-
llarse. Los estrógenos causan la formación de unas almohadillas de grasa que crecen y rodean dichas glándulas.
El tamaño de tu pecho dependerá de lo que crezcan esas
almohadillas. Por desgracia no tendrás manera de con-
trolarlo, aunque hagas ejercicios especiales para el busto.
Dentro de tus senos hay una red de conductos conectados
con las glándulas mamarias. Por ellos fluye la leche hasta
los pezones cuando una mujer tiene un bebé.

Cinco fases de desarrollo

El pecho se suele desarrollar en cinco fases, pero cada chica
sigue su propio ritmo. Algunas tardan un par de meses en
total y no experimentan etapas, mientras que otras necesitan 10 años para desarrollarse completamente. Puede llegar
a ser frustrante, pero cada organismo tiene su propio ritmo
determinado por las hormonas y por factores hereditarios,
y no por los deseos personales.

En las siguientes páginas se explican todos esos cambios
con detalle.

9

Etapas de desarrollo

Fase  1

Suele iniciarse entre los 8 y los 11 años, pero en algunos casos comienza algo antes o después. Aunque en esa fase no se perciben cambios exteriores, los ovarios crecen y el organismo empieza a producir estrógeno.

Fase  2

En esa fase se aprecian ya los primeros cambios externos. Los pezones y la piel que los rodea, llamada *aureola*, crecen y pueden oscurecerse. Quizá tengas esa parte del cuerpo especialmente sensible o incluso te duela y no puedas dormir boca abajo, ni ponerte cierta ropa. No resulta agradable pero no te preocupes, es normal.

Fase  3

En esta etapa, los depósitos de grasa comienzan a llenar el área alrededor de los pezones y la aureola. Puede ser que se te empiece a redondear el busto. En este momento, el tamaño del pecho vendrá determinado principalmente por las dimensiones de tu cuerpo. Quizás empieces a pensar en comprar un sujetador.

Fase  4

Muchas chicas no perciben esta etapa. Pero las que la experimentan notan que pezones y aureolas son cada vez más pronunciados y comienzan a formar una protuberancia en el centro de cada pecho. El busto crecerá visiblemente. Aquellas chicas que no hayan tenido la regla en la fase 3 seguramente lo tendrán en la 4.

Fase  5

Quizá el tamaño actual de tu pecho sea el definitivo, pero también podría variar a lo largo de la vida. Factores como cambios de peso u oscilaciones hormonales afectan el tamaño de los senos. Además, muchas chicas continúan desarrollándose hasta la veintena.

Tamaños y formas

La verdad es que los senos no tienen una forma ni un tamaño estándar. Los hay pequeños, medianos y grandes; todos son diferentes. La cuestión es estar satisfecha con los propios. Después de todo, te tienen que gustar, ¡porque son parte de ti!

Todas las partes de tu cuerpo son asimétricas. Obsérvate detenidamente los ojos y las orejas. ¿A qué no son exactamente iguales? Bueno, pues lo mismo ocurre con los pechos. A algunas chicas se les nota bastante, pero casi nunca es una diferencia exagerada. Desde luego, los demás lo suelen apreciar mucho menos que una misma, así que si tus pechos o tus pezones no son idénticos, no te preocupes. No eres la única.

⭐ Sugerencia

Como los pezones sobresalen, puede ser que por el roce de la ropa se te irriten, se sequen o se agrieten. A veces incluso sangran. En ese caso procura ponerte prendas de tejidos suaves o de fibra natural. ¡También notarás alivio si te aplicas un poco de bálsamo para labios de sabor neutro!

A veces los pezones no sobresalen, sino que crecen hacia dentro; es lo que se conoce con el nombre de *pezones planos* o *invertidos*. En algunas ocasiones, acaban sobresaliendo una vez que el pecho se ha desarrollado completamente. Otras veces no cambian. No te preocupes si este es tu caso. Le pasa a muchas chicas.

Cuando los pechos o cualquier parte del cuerpo crecen muy rápidamente, la piel se tensa. Si la epidermis no es lo suficientemente elástica aparecen una especie de líneas blanquecinas llamadas estrías. Son muy comunes. A menudo, dichas estrías desaparecen con el paso del tiempo

¿Por qué me duelen los pechos?

A la mayoría de las chicas les suele doler el pecho cuando se les empieza a desarrollar o antes de venirles la regla. Si el dolor es muy fuerte, aparece de forma irregular sin relación alguna con el ciclo menstrual o resulta claramente más intenso en un pecho que en el otro, consulta con el médico.

El sujetador

El usar o no sujetador es una decisión personal. Muchas mujeres se sienten más cómodas con el pecho sujeto y con la forma que el sujetador le da al busto. El uso de sujetador para hacer deporte no solo evita la oscilación del pecho, sino también posibles lesiones del tejido mamario.

Algunos expertos afirman que el sujetador previene la pérdida de firmeza del pecho, ya que preserva la elasticidad del tejido y de los ligamentos que sujetan las mamas. Otros, por el contrario, opinan que la edad, la fuerza de la gravedad, la maternidad y los cambios de tamaño del pecho por oscilaciones de peso hacen que el uso del sujetador sea irrelevante para su firmeza.

✔ Nota informativa

¿Sabías que ocho de cada 10 mujeres no llevan el sujetador adecuado?

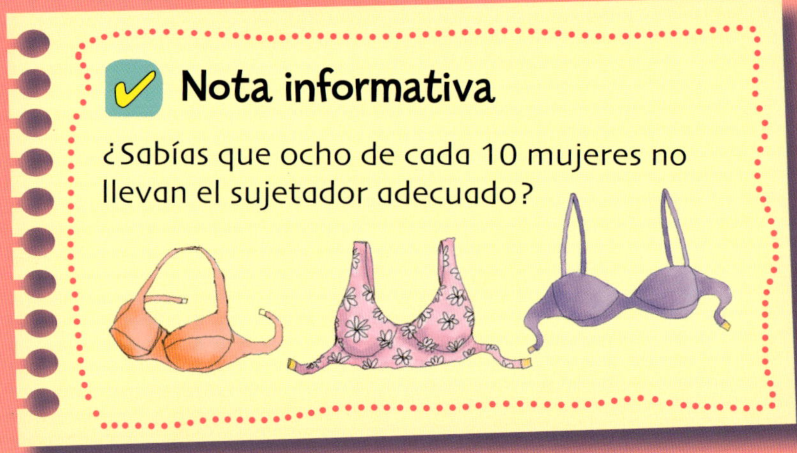

Tiras, tirantes, corchetes y copas

Si sabes cómo tomarte la talla, no será difícil buscar el sostén más adecuado a tus necesidades. A la hora de elegir la talla de un sujetador hay que tener en cuenta la medida del contorno y el tamaño de la copa. El contorno es el perímetro del tórax.

La copa es la parte que rodea cada pecho. Los sostenes tienen infinidad de tallas que resultan de la combinación de la medida del contorno (indicado con cifras como 75, 80, 85, etc.) y el tamaño de la copa (indicado con letras AA, A, B, C, etc.).

Es importante que tengas en cuenta ambas medidas para que el sujetador te siente perfectamente. Si te compras una talla de contorno inadecuada, el sujetador te molestará y te apretará demasiado en el tórax o te estará muy flojo y no te sujetará bien el pecho. En cuanto a las copas, si son demasiado pequeñas te aplastarán los pechos que sobresaldrán por los lados y si son demasiado grandes, se arrugarán y te harán un bulto raro bajo la ropa.

15

La talla justa

Así que ¿cómo determinar la propia talla? No te preocupes, es muy fácil. Todo lo que necesitas es una cinta métrica. Mídete el contorno justo por debajo del pecho. Asegúrate de que la cinta quede bien pegada a la piel. No debe apretarte, pero tampoco estar tan floja que cuelgue en la espalda.

La media en centímetros se corresponde con la talla numérica del sujetador (70, 75, 80, 85,etc.). La mayoría de los sujetadores tienen tres posiciones de corchetes para ajustarlos mejor.

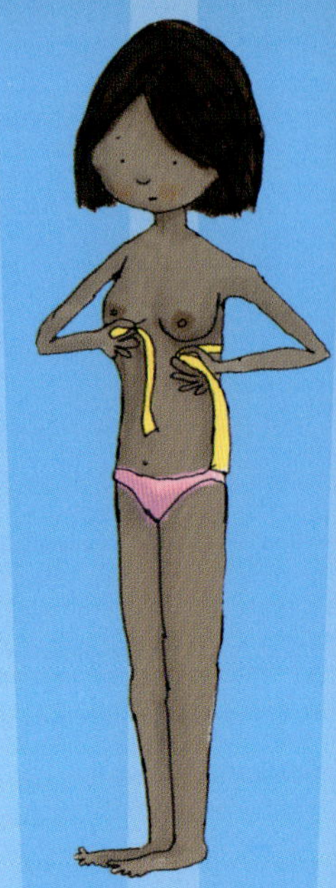

La medida de la copa

Esta vez, cuando midas el contorno de tu cuerpo con la cinta, hazlo sobre la parte más prominente del busto, por encima del pezón. Ahora resta el resultado en centímetros de la media del contorno. Si por ejemplo la diferencia es de 10-12 cm tienes la talla A; si es de 13-15 cm deberás elegir una copa B; si la diferencia es de 16-17 cm tendrás la talla C. Y así sucesivamente.

¿Cómo sé si uso la talla adecuada?

Cuando te pruebes un sujetador tendrás que hacer varios ajustes para que te quede perfecto. Acorta o alarga un poco la cinta del contorno. Ajusta también la longitud de los tirantes para regular la sujeción del pecho. El busto deberá estar firme sin que el regulador de la espalda quede por encima de la línea del pecho. Asimismo comprueba con un dedo que los tirantes no te oprimen demasiado para que no te dejen marca en los hombros. Normalmente las chicas más bajas necesitan tirantes más cortos que las altas.

Independientemente del tamaño y la forma de tus senos, lo principal a la hora de comprar un sostén es que sea cómodo. Pruébate varios hasta dar con el adecuado. A algunas chicas les gustan de algodón, otras prefieren que tengan aros. Hay sostenes reductores para las que desean disimular el busto y con relleno para las que quieren aparentar un poco más. No hay sujetadores peores ni mejores. Depende de tus necesidades.

Sugerencia

Es recomendable probarse siempre los sostenes con una camiseta para ver cómo te sientan. Puede pasar que ese adornito tan bonito en forma de diamante parezca un tercer pezón cuando estés vestida.

Durante la pubertad tu cuerpo experimentará cambios que no son visibles y que preparan tu organismo para el momento en el que decidas tener un bebé.

¿Qué es y para qué sirve?

Vagina
Es el conducto que va desde el útero (matriz), por el que salen la sangre del ciclo menstrual y los bebés. Mide aproximadamente 12 cm. La vagina es muy flexible, en parte porque tiene varios pliegues que se dilatan y contraen.

Cérvix o cuello uterino
Es la parte inferior del útero.

Útero
El útero o matriz posee paredes extremadamente elásticas. Así puede dilatarse hasta alcanzar varias veces su tamaño original para acomodarse al desarrollo del feto que se nutre del tejido sanguíneo que lo recubre. Cuando no se produce un embarazo, se expulsa ese tejido aproximadamente una vez al mes. Por eso tenemos la regla.

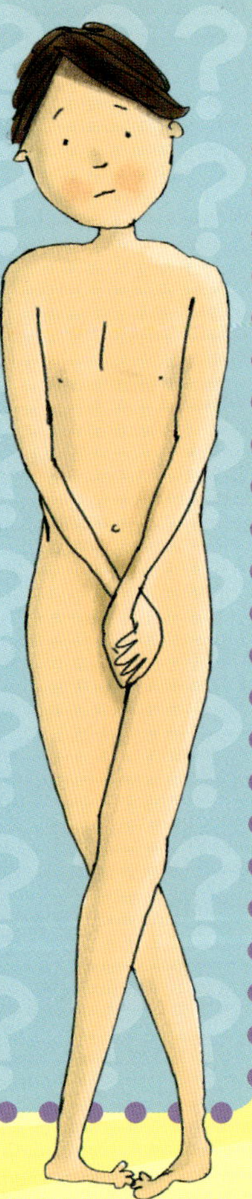

Trompas de Falopio

Son dos conductos que comunican la parte superior del útero con los ovarios. Miden aproximadamente 10 cm. Los extremos tienen forma de tubos con flecos que rodean los ovarios, pero no están conectados a ellos. Las trompas de Falopio conducen, aproximadamente una vez al mes, un óvulo desde el ovario hasta el útero.

Ovarios

Las mujeres tienen dos ovarios que contienen todos los óvulos que producirán a lo largo de su vida. Estos se almacenan en pequeños compartimentos llamados folículos. Cada mujer nace con cientos de miles de ellos. Durante la pubertad, la glándula pituitaria segrega hormonas que pasan a través de la sangre a los ovarios, lo que hace que los folículos expulsen un óvulo al mes. Eso es lo que se conoce como *ovulación*.

A continuación se muestra un diagrama muy claro:

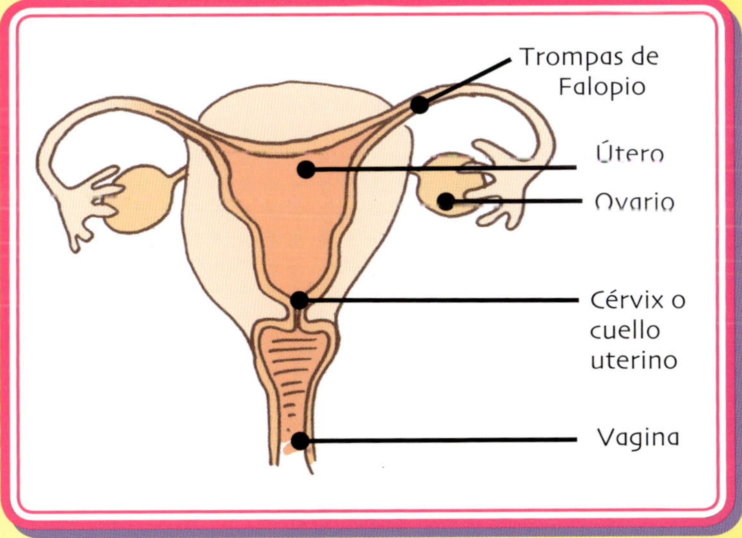

19

La regla

A la mayoría de las chicas les baja la regla por primera vez cuando tienen entre 9 y 16 años. Es entonces cuando comienzan a preocuparse por temas como el sexo, la dieta, el peso y el porcentaje de grasa corporal. Muchos de ellos vienen determinados por factores hereditarios.

Una buena forma de predecir cuándo tendrás la menstruación por primera vez es preguntar a tu hermana mayor o a tu madre.

¿Cuándo te va a venir?

Normalmente la regla te vendrá una vez que se te haya empezado a desarrollar el pecho y te haya salido el vello púbico. Suele ser bastante frustrante el hecho de ir con retraso con respecto a tus amigas. Pero no te preocupes, hay muchas chicas a las que la regla no les viene hasta la adolescencia. De cualquier forma, si tienes 17 años y aún no has menstruado, el busto no se te ha desarrollado y no te ha salido vello púbico, consulta al médico.

En lo que a la regla se refiere, se puede decir que seguramente no habrá nada anormal siempre que tenga cierta regularidad. El ciclo puede durar entre 21 y 35 días. La media son 28 días.

La duración de la regla es de entre dos y ocho días (la media es de cuatro a seis días), si bien el flujo a veces se interrumpe ligeramente.

Los ciclos cambian a lo largo de la vida, dependiendo de factores como el estrés, la edad, las oscilaciones en el peso o la maternidad.

 ## Nota informativa

Actualmente, las mujeres tienen más veces la regla que en el pasado (aproximadamente 400 o 500 veces). La razón es que menstrúan antes, la esperanza de vida es más larga (gracias a la mejora de la nutrición y la asistencia médica) y hay muchos menos embarazos.

¿Cómo controlar el flujo?

Casi todas las chicas utilizan tampones o compresas. Cada una tiene que decidir cómo se siente más cómoda.

Tampones

Los tampones absorben la sangre dentro de la vagina. Están hechos de algodón absorbente prensado en forma de cilindro con la longitud y el grosor de un pulgar. Tienen un cordón que sobresale de un extremo para extraerlos y la mayoría vienen envueltos en un aplicador de plástico o cartón que permite introducirlos en la vagina más fácilmente.

Los tampones tienen tamaños diversos según el mayor o menor grado de absorbencia. Términos como *super-plus* o *ultra* en el envase indican que el tampón está diseñado para chicas con flujo abundante; la expresión *mini* significa lo contrario. La elección de la marca también depende de ti.

¿Cómo se inserta un tampón?

Insertarse un tampón no es difícil, pero hay que aprender cómo hacerlo. Las primeras veces puede resultar un poco complicado y molesto. Lo primero que debes hacer es localizar el orificio vaginal; luego, el ángulo de inserción adecuado. En cualquier caso, no es tan difícil como suena. Las cajas de tampones contienen instrucciones claras, así que léelas con calma y lo más importante: ¡relájate! Date tiempo y cuenta con una cierta cantidad de intentos frustrados, ya que es algo nuevo con lo que no estás familiarizada. Pero el esfuerzo merece la pena. Quizás para empezar es mejor que utilices tampones con aplicador hasta que te vayas acostumbrando. Y no olvides lavarte las manos antes y después de ponerte un tampón.

✔ Nota informativa

No tengas miedo de que el tampón se te pierda dentro del cuerpo. ¡Es imposible! La cérvix (o cuello del útero) es demasiado estrecha como para que eso ocurra.

Compresas

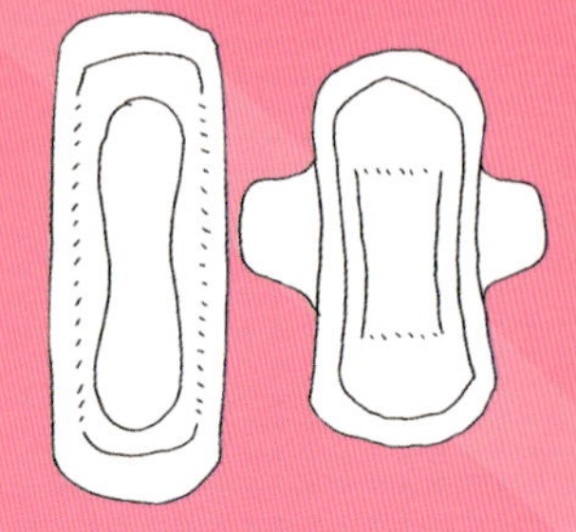

Existen compresas de todas las formas y tamaños: super, extraplana, noche, con o sin alas, maxi, mini, etc. Quizás al principio te sientas un poco confundida debido a la gran variedad que hay. Desde luego con todas las clases que se comercializan es más que seguro que alguna se adecuará perfectamente a tus necesidades. Las compresas te protegen de forma externa.

¿Cómo se usan? La mayoría de las compresas tiene una tira adhesiva en el reverso. Retira el papel que la cubre y presiona firmemente la compresa en la parte de la entrepierna de tu braguita. Si es de alas, quita asimismo las tiras de los adhesivos y pégalas a los lados. Cuando quieras desechar una compresa usada, envuélvela en papel higiénico y tírala a la basura o a los cubos especiales que suele haber en los baños para ello.

Sugerencia

Nunca tires una compresa al retrete. ¡Incluso las más pequeñas podrían atascarlo y causar una enorme avería en el desagüe!

Síndrome del *shock* tóxico

Las cajas de tampones suelen llevar una advertencia sobre este tema. El síndrome del *shock* tóxico o SST es una enfermedad bacteriana muy rara, pero en ocasiones fatal, relacionada con el uso de tampones de gran absorción si no se cambian con la debida frecuencia.

Aunque esta enfermedad es muy poco frecuente (de cinco a 10 casos por cada 10.000 mujeres que usan tampones), es importante estar prevenida. En cualquier caso, si contrajeras SST podrías ser tratada con antibióticos. ¡No tengas miedo! Los tampones son totalmente seguros si los usas bien. Es bueno que estés informada ¡pero no te obsesiones!

✔ Nota informativa

- ✪ Cámbiate de tampón con frecuencia.
- ✪ Utiliza la variedad menos absorbente.
- ✪ No uses tampones para dormir. (Ponte una compresa.)
- ✪ Lávate las manos antes y después de cambiarte de tampón.
- ✪ Usa tampones solo cuando tengas la regla.

El SPM

Con las siglas *SPM* (síndrome premenstrual) se denomina
un conjunto de síntomas que experimentan muchas mujeres unos días antes de que les venga la regla.
Los expertos aún no han podido determinar las causas bio-
lógicas del SPM, pero durante esos días el nivel hormonal
del organismo es el más bajo del ciclo. El SPM comienza
normalmente unos días antes de la menstruación y desapa-
rece cuando viene la regla.

De todas formas, los síntomas varían muchísimo de mujer
a mujer. Quizás algunas de tus amigas no tengan ninguno,
mientras que tú puedes sentir terribles calambres o estar
muy sensible, llorona y nerviosa en general. ¡En ese caso
intenta no explotar y chillar al primer inocente con el
que te cruces solo porque estés irritable! No es nada inteli-
gente y, desde luego, resulta injusto para los demás.

Sugerencia

Hacer ejercicio físico puede
paliar el dolor menstrual,
pero si es muy intenso lo
mejor es descansar con una
bolsa de agua caliente.

Si tienes la mala suerte de contarte entre las mujeres que odian esos días porque se sienten decaídas, hinchadas, irritables, sensibles y en general doloridas, piensa que tu regla seguramente se hará menos dolorosa con los años. Entretanto, lo que puedes hacer es intentar paliar los síntomas.

Aquí tienes algunos remedios que te harán sentir mejor:

- ✪ Toma un baño de espuma de lavanda.
- ✪ Acurrúcate en el sofá con una bolsa de agua caliente.
- ✪ Come un poco de tu chocolate favorito.
- ✪ Alquílate una película triste y date una panzada a llorar.

La piel

A veces te parecerá que tu piel es un desastre, sobre todo cuando te levantes con un enorme grano en la nariz. Al igual que los cambios de otras partes del organismo, las hormonas determinan también el estado de tu piel durante la adolescencia.

✔ Nota informativa

Los poros de la epidermis tienen glándulas sebáceas que segregan una especie de grasa para proteger el cabello y la piel. Normalmente producen la cantidad justa y no hay ningún problema, pero a veces los poros se obstruyen por un exceso de sebo y células muertas. En ese caso el poro puede reventarse, se inflama y termina dando lugar a una espinilla, un punto negro o un grano. Esto ocurre más a menudo durante la adolescencia por la influencia de los andrógenos (hormonas sexuales masculinas) que hacen de esas zonas un lugar preferente para los granos.

Observa este diagrama para averiguar cómo se forma un grano:

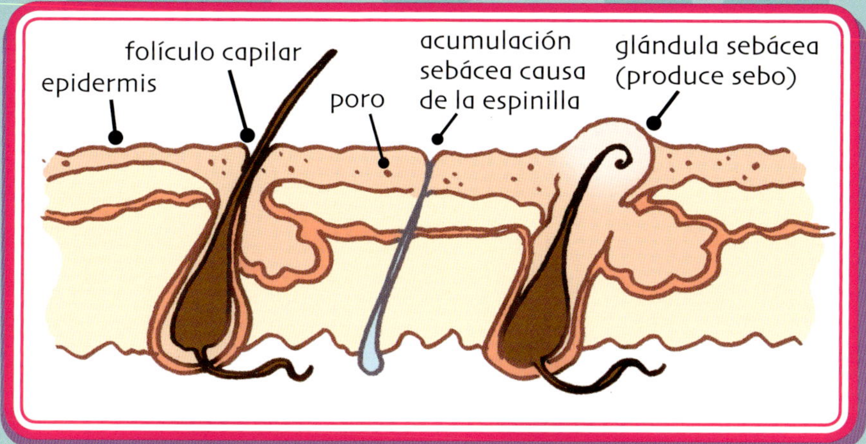

Lo bueno es que hay muchos medios para prevenir y tratar los problemas de la piel. ¡Menos mal! Y lo mejor de todo es que los trastornos cutáneos de las chicas no suelen ser tan graves como los de los chicos. Ahora te parecerá imposible, pero tu piel mejorará. Mientras, lee algunos consejos útiles.

Granos

Aquí tienes unos cuantos consejos para prevenir las erupciones cutáneas y eliminarlas lo antes posible si se dan:

1 Lava tu rostro dos veces al día con agua caliente y un jabón suave especial para tratar el acné. Masajéate suavemente el cutis con movimientos circulares. No te frotes. Si te lavas y te tocas demasiado la piel, se te irritará aún más.

2 No te revientes los granos aunque tengas ganas. Se podrían infectar otras zonas de la epidermis y al final tendrías más rojez e hinchazón e, incluso, podrían quedarte cicatrices y eso no mejoraría tu aspecto.

3 Evita tocarte mucho la cara ya que podrías extender las bacterias. Lávate las manos antes de aplicarte productos de cosmética, por ejemplo, el maquillaje. Si usas gafas, límpialas regularmente para que no acumulen grasa que pueda obturar los poros de la zona alrededor de los ojos y la nariz.

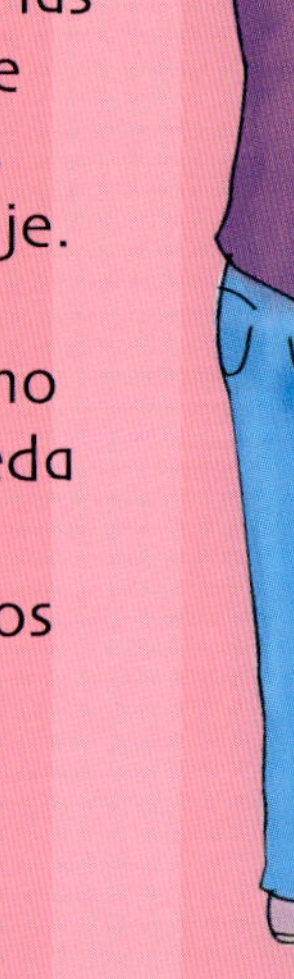

Sugerencias

Si tienes acné en el cuerpo, no vistas ropa ajustada; así, la piel transpira y no se irrita. Tampoco es recomendable el uso de bufandas, cintas o sombreros que puedan acumular suciedad y grasa.

Quítate siempre el maquillaje antes de ir a la cama. Asimismo es recomendable usar productos específicos. Y no olvides comprar maquillaje nuevo de cuando en cuando para evitar que con el tiempo se desarrollen las bacterias.

Lávate el pelo regularmente y si lo tienes largo, apártalo de la cara para evitar suciedad o grasa que puedan obstruir los poros.

Nota informativa

Protégete bien la piel del sol. Puede ser que, a primera vista, el bronceado te disimule el acné, pero las radiaciones solares hacen que la piel produzca aún más sebo y eso solo empeoraría la situación. El sol también puede producir arrugas prematuramente y, en el peor de los casos, incrementar el riesgo de cáncer.

Herpes labiales

Los herpes labiales o calenturas están provocados por un virus llamado *HSV-1*. Si te llegas a infectar, el virus permanece en tu organismo por lo que probablemente te salgan herpes de vez en cuando durante toda la vida. Aquí tienes un par de consejos para evitar esas molestas erupciones:

Las calenturas pueden venir provocadas por muchos factores, entre otros, el sol, el estrés o la baja forma. Así que utiliza crema de protección solar, come bien, haz ejercicio y duerme mucho.

No compartas productos como barras de labios, cepillos de dientes o bebidas. El virus puede transmitirse a través de la nariz (por la mucosa) o la boca (por la saliva).

Sugerencia

Si te sale un herpes labial, aquí tienes un par de consejos para paliar sus efectos:

★ Evita la ingestión de alimentos ácidos, como las naranjas o los tomates, y de comidas saladas o picantes.

★ No te toques la calentura ya que podría sangrar o infectarse. ¡Puag!

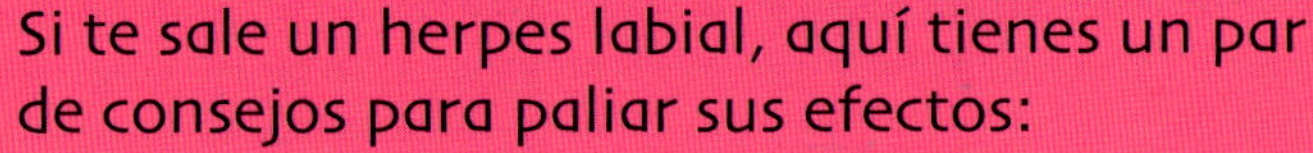

La piel y la alimentación

Mucha gente piensa que comer chocolate y alimentos grasos hacen que salgan
más granos. Sin embargo, según algunos
médicos, la alimentación no influye directa-
mente en el estado de la piel. En cualquier
caso, nunca está de más prestar atención a lo
que sucede con el cuerpo. Si siempre te salen
granos después de ingerir un determinado
alimento, deja de tomarlo durante una temporada y espera a ver qué pasa.

Lo mejor para tener una piel bonita es beber muchísima
agua. Así se limpiarán las impurezas y tu cutis estará
hidratado de una manera muy sana. Eso es lo que hace
la mayoría de las modelos y famosas.

Pero supongamos que bebes mucha agua, te alimentas de
forma saludable y haces ejercicio. Y sin embargo te levantas
por la mañana y tienes un enorme grano
en la nariz. ¿Qué hacer? Bueno, puedes
esconderte en casa y ver la tele todo el
día. No, en serio, usa un poco de maquillaje y olvida el asunto.
Y recuerda, en lo que a la piel se
refiere, quizá pierdas
alguna batalla... ¡pero al
final vencerás!

33

Protección contra el sol

Todos necesitamos protegernos
la piel de los potentes rayos del sol.
Las radicaciones solares no solo
hacen envejecer prematuramente la
epidermis, sino que incrementan el
riesgo de padecer cáncer de piel.

Sin embargo, eso no significa que tengas que recluirte en casa. No todos los
rayos son malos. Por ejemplo, la luz solar
te ayuda a producir vitamina D. Solo debes
protegerte de las radiaciones ultravioleta
(los rayos UVA y UVB); usa un factor de
protección solar (FPS) 15 como mínimo.

Higiene

El sudor es la forma que tiene el cuerpo de purificarse y
refrigerarse de forma natural. Siempre has tenido glándulas
sudoríferas en tu organismo pero, durante la pubertad, tales
glándulas no solo se convierten en superactivas, sino que
empiezan a segregar diferentes sustancias químicas con el
sudor que causan olor corporal. Los andrógenos (de nuevo
las hormonas masculinas) estimulan las glándulas sudoríferas
y oleaginosas de axilas, espalda, manos, pies y vulva.
Y por si eso fuera poco, también sudarás más antes de la
regla, porque el nivel de andrógenos es el más alto del ciclo.

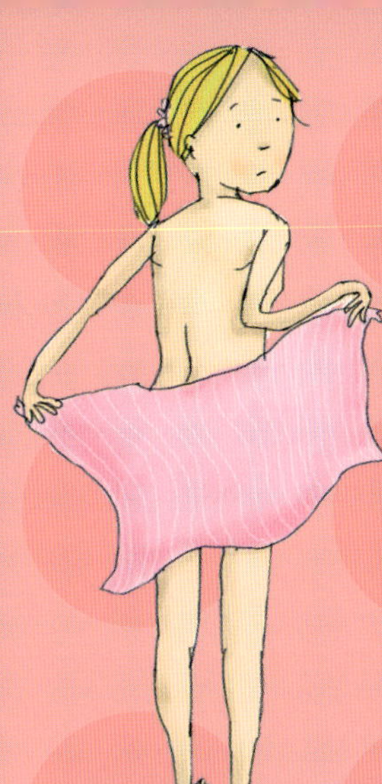

Si cuidas tu higiene evitarás los malos olores. Dúchate a diario con un jabón suave para eliminar las bacterias.

Asimismo debes cambiarte de ropa todos los días. Las prendas y la muda de fibras naturales como algodón, lana y seda absorberán y ventilarán mucho mejor la humedad que la ropa de otro tipo de materiales.

Desodorante o antitranspirante ¿En qué se diferencian?

Bueno, los desodorantes ayudan a disimular el olor pero no evitan la transpiración. Los antitranspirantes impiden la sudoración antes de que se produzca.

La decisión de usar uno u otro es una cuestión personal. Ambos se pueden comprar en *roll-on*, barra, gel, aerosol y crema. No te preocupes por la marca. Suelen ser parecidas. Lee las instrucciones cuidadosamente: algunos son más efectivos si se usan por la noche, otros deben aplicarse por la mañana.

El pelo

Las hormonas que provocan el acné son también responsables de que quizás te sientas como si te estuvieras peinando con un cepillo impregnado en aceite. ¿Por qué sucede tal cosa? Bueno, cada pelo posee una glándula sebácea que hace que brille y sea impermeable. Pero durante la pubertad, esas glándulas suelen tener superproducción de sebo y por tanto el cabello se verá más grasiento que nunca.

No te preocupes. Hay muchos remedios. Puedes lavarte el pelo todos los días. Utiliza agua templada y muy poca cantidad de champú. No te frotes demasiado fuerte. Podrías irritarte el cuero cabelludo y eso no es bueno para el pelo. Después de enjuagarte bien, usa un suavizante especial para cabello graso.

Cuando te peines, ten cuidado con los productos que usas. ¡Algunos geles o lociones pueden engrasarte el pelo aún más! Mira si las etiquetas del producto llevan alguna indicación como «especial pelo seco».

Todos tenemos vello desde que nacemos,
pero durante la pubertad empieza a aparecer
en ciertas zonas del cuerpo (lo que a veces
resulta muy desconcertante). La verdad es que
quizá tengas la sensación de que te crece pelo por
todas partes porque te empezará a salir un vello
fuerte y rizado en el pubis, las piernas y las axilas.

 ## Testimonios

Cuando tenía 12 años me empezó
a salir pelo en las piernas. Era una pesadilla.
Los chicos se reían de mí constantemente.
Pero entonces mi madre me dejó probar sus
cremas depilatorias. Me alegré muchísimo
de haber hablado con ella. Ana, Madrid

 ## Nota informativa

El pelo crece por ciclos. La vida media de
un cabello es de dos a siete años y de un
pelo del labio, de cuatro o cinco meses.

Técnicas depilatorias

Si te decides a depilarte el vello, tienes un montón de métodos. A continuación se enumeran los principales:

Pinzas de depilar

¿Qué es?: consiste en arrancarse cada pelo con unas pinzas de depilar.
Frecuencia: según necesidad. Normalmente un pelo arrancado de raíz tarda un mes en volver a crecer.
Coste: si te lo haces tú misma, nada.
Dolor: duele durante uno o dos segundos, sobre todo en zonas sensibles.
Ventajas: te lo puedes hacer tú misma.
Desventajas: a veces duele, pero por poco tiempo.

Crema depilatoria

¿Qué es?: es una crema o gel que se aplica en la zona con vello para disolver las raíces; luego se lava.
Frecuencia: por lo menos dos veces al mes.
Coste: no es demasiado cara dependiendo de dónde la compres.
Dolor: puede escocer o irritar zonas sensibles.
Ventajas: lo puedes hacer tú misma y el resultado es una piel muy suave.
Desventajas: puede escocerte o provocar rojeces si tienes la piel muy sensible.

Rasurado

¿Qué es?: consiste en cortar el vello
a ras de piel con una cuchilla.
Frecuencia: diaria o sema-
nalmente dependiendo
de lo rápido que te crezca
el vello.
Coste: el coste de las cuchillas
y de la crema de afeitar.
Dolor: no duele… ¡siempre que
no te cortes! A veces la piel se
irrita un poco.
Ventajas: lo puedes hacer tú misma
siempre que quieras.
Desventajas: una vez que empiezas a rasurarte, el vello
crece más fuerte y en ocasiones incluso hacia dentro.
Las cuchillas pueden causar infecciones cutáneas, cortes
e irritación.

Cera

¿Qué es?: se trata de aplicar cera caliente en la parte del
cuerpo que desees ver libre de vello. La cera se deja enfriar
y se retira.
Frecuencia: dura entre 4 y 6 semanas.
Coste: si lo haces en casa no es mucho más caro que las
cremas depilatorias. Si te lo hace una esteticista profesional,
cuesta más o menos lo que un corte de pelo.
Dolor: es como retirar una tirita gigante de la piel.
A veces la piel queda enrojecida.
Ventajas: te dura un mes o más.
Desventajas: es muy doloroso y puede resultar caro.

39

El físico

El cuerpo es la casa en la que vive tu persona. Y el hecho de que te sientas a gusto o no con él es muy importante. Parte de la actitud hacia tu propio cuerpo tiene que ver con lo que ingieres. Pero estar sana es solo una parte de la imagen general.

Es muy natural que te compares con otras chicas, sobre todo con tus amigas. Pero no siempre es buena idea. Después de todo, cada una se desarrolla a una velocidad diferente y podría pasar que tú estuvieras adelantada o atrasada con respecto a las demás. La pubertad suele ser más dura para las que se desarrollan antes. Y, por favor, no te compares nunca con las famosas y las modelos. La mayoría de las mujeres no se parecen a ellas. De hecho, las modelos no tienen al natural el mismo aspecto que lucen en las revistas. ¡Esos cuerpos que parecen tan perfectos suelen estar siempre retocados!

Peso

El peso es seguramente la mayor preocupación de nuestra cultura. Sobre todo las chicas sienten mucha ansiedad por lo que pesan, lo que comen y, en general, por la forma de su cuerpo. Alimentarse bien y hacer ejercicio son las mejores maneras de mantener el peso ideal.

Altura

La altura es otra de las cosas que
podrían resultarte embarazosas.
Por desgracia no depende de
ti, así que aprende a aceptar tu
talla. Después de todo, ¿quién
puede determinar qué es la belle-
za? Lo que realmente cuenta es
cómo proyectas la percepción
que tienes de ti misma. A medida
que cambia tu cuerpo, intenta
lograr una buena postura corporal y caminar emanando confianza en ti misma.

No puedes cambiar tu altura,
pero sí fijarte en las cosas que te gustan de ti. Quizás el
color de tu pelo, tu sonrisa o el hecho de que siempre haces
reír a la gente. Después de todo, cuando tú piensas en tus
amistades no te interesa su aspecto físico sino lo que son.

Partes del cuerpo

Hay partes del cuerpo que se convierten en una verdadera
obsesión para las chicas. Por ejemplo, es posible que
estés convencida de que tienes barriga pero, en realidad,
nadie la nota.

Las diversas partes del cuerpo pueden tener todas las
formas y tamaños posibles. Con sentido común y un
poco de esfuerzo lograrás sentirte cómoda con tu físico.
Así que relájate y empieza a valorarte como mereces.

La mayoría de los chicos no entiende ese deseo imperioso de las chicas por tener un cuerpo perfecto. Ellos suelen pensar que hay muchachas bajitas y menudas que son tan guapas como otras más altas y con curvas. Y tú sabes que tienen razón.

Lo creas o no, los chicos no se fijan solo en un punto determinado de la anatomía femenina. Claro que les gustan los pechos, pero desde luego no son tan críticos como las mujeres. Sobre todo se fijan en el conjunto, exactamente igual que las chicas hacen con ellos. Venga, no vas a decir que te gusta alguien solo porque tiene un buen trasero. A ti te atraen los chicos en conjunto, incluyendo por supuesto su personalidad. Puede ser que a los muchachos les guste tomar el pelo a las chicas por su aspecto físico, pero solo lo hacen para destacar delante de sus compañeros.

La salud

Alimentación y ejercicio

Una cosa es segura: debes cuidar ese precioso cuerpo que tienes. ¿Sabes de qué manera? El organismo es muy listo y nos indica siempre cómo se siente. Aprende a escuchar lo que te dice.

Tipos de alimentos

La verdad es que no hay alimentos buenos ni malos, sino que hay que comer un poco de todo. Es excelente disfrutar también del chocolate o los pasteles de vez en cuando, siempre que no se abuse.

Para estar en perfecta forma, procura tomar alimentos de estos cinco grupos alimentarios todos los días.

Carbohidratos

Ejemplos: pan, arroz y pasta. Cantidad: de seis a once porciones al día. Una porción es bastante pequeña: una rebanada de pan o media taza de arroz.

Fruta y verdura

Ejemplos: todo tipo de verdura, frutas y hortalizas como espinacas, zanahorias, brécol, coliflor, calabaza, judías verdes, berenjenas, manzanas, peras, naranjas, uvas, etc. Cantidad: al menos cinco porciones al día. Una porción es una media taza. Es muy saludable consumir verdura lo más variada posible.

44

Productos lácteos

Ejemplos: leche, yogur, queso.
Cantidad: tres o más porciones al día. Una taza de leche es una porción.

Proteínas

Ejemplos: carnes rojas y blancas, huevos, frutos secos, legumbres. Cantidad: dos o tres porciones al día. Una porción es de 30 a 90 g de carne.

✓ Nota informativa

Las diferentes funciones del organismo requieren vitaminas variadas. Por ejemplo, la vitamina C ayuda al cuerpo a combatir las infecciones. La A te ayuda a ver en la oscuridad. La B te da más energía. Hay montones de vitaminas diferentes y, por tanto, hay que ingerir frutas y verduras variadas para obtenerlas todas.

¡Más comida!

Los nutricionistas recomiendan consumir grasas, aceites y azúcar en pequeñas cantidades. La razón es que dichos alimentos, además de tener muchas calorías, prácticamente carecen de valor nutritivo. Por tanto, no consumas demasiada cantidad de mantequilla, aceite, dulces y productos azucarados en general. Otros alimentos también contienen este tipo de nutrientes. Por ejemplo, la harina y los lácteos tienen grasa y la fruta, un tipo de azúcar llamado *fructosa*.

Normalmente, cuanto más elaborado es un alimento más cantidad de azúcar y grasa suele contener. Dentro de este tipo de productos se cuentan la bollería industrial, los aperitivos y, en general, todo tipo de productos tratados artificialmente para alargar su conservación.

Los alimentos azucarados son muy malos para los dientes y proporcionan energía rápida pero poco duradera.

46

Nota informativa

La ingestión de comida grasa aumenta el riesgo de enfermedades cardiovasculares en la madurez. Si ingieres muchas grasas, estas pasarán a tu sistema sanguíneo y se acumularán en las arterias (o tuberías que llevan la sangre por todo el organismo). Así, fluirá menos cantidad de sangre y acabarás teniendo problemas de corazón. Por lo tanto, si comes menos grasa reducirás el riesgo de problemas cardiovasculares en la edad adulta.

Conclusión

Más que ponerte a dieta, lo que debes hacer es vigilar tus hábitos alimentarios. Intenta comer bien y de forma saludable. Ya lo dice el refrán: de lo que se come se cría.

Hagas lo que hagas, no seas demasiado estricta contigo misma. Le quitarías todo el placer a la comida y eso es una pena porque comer es una de las cosas más placenteras que existen. Encuentra tu equilibrio. Come de forma saludable, haz ejercicio… ¡y toma chocolate de vez en cuando!

¿Por qué es importante el ejercicio?

Al hacer ejercicio, el cerebro segrega endorfinas, lo que nos hace sentir bien y felices. Además, es algo muy saludable para nuestros órganos vitales, ya que los mantiene en forma y fuertes. Por si eso fuera poco, el ejercicio no solo fortalece el cuerpo, sino que también es bueno para la piel, el pelo y las uñas. Con todas esas razones ¿cómo no te va a encantar hacer ejercicio?

No hay reglas fijas acerca de cuánto ejercicio necesitas, pero es recomendable practicar 20 minutos de algún deporte aeróbico al menos tres veces por semana. Procura elegir un deporte que te divierta y te guste. No te limites al cómputo de calorías.

✔ Nota informativa

Los ejercicios aeróbicos son todas aquellas actividades que aumentan el ritmo cardíaco y aceleran la respiración.

¿Cuáles son los mejores ejercicios?

Hay tres tipos de ejercicios y practicar un poco de todo es lo más beneficioso. Los principales son:

Ejercicios de estiramiento: mejoran la flexibilidad del cuerpo y aumentan ligeramente el ritmo cardíaco. Yoga y pilates son dos buenos ejemplos.

Ejercicios aeróbicos: son muy buenos para el corazón y los pulmones. Por ejemplo: nadar, correr, caminar o bailar.

Ejercicios de fuerza y musculación: con estos ejercicios se desarrolla la masa muscular. Los más eficientes son los que se realizan con pesas. Para ver los resultados necesitas practicar al menos dos veces por semana. Si deseas hacer este tipo de deporte, es aconsejable que cuentes con alguien que te asesore y aconseje.

Tus emociones

Lee esta sección para averiguar más cosas sobre el proceso de maduración.

Tus sentimientos

Tu cerebro y las hormonas que segrega son responsables de los cambios que experimenta tu cuerpo. A medida que creces y te conviertes en una persona más independiente, debes ir asimilando lo que te ocurre y la mejor forma de reaccionar ante ello. Cada persona es diferente, lo que significa que te considerarás distinta a los demás. Tratar de ser consciente de lo que sientes y de entender las razones de tus sentimientos es la mejor manera de descubrir quién eres.

Nota informativa

Las personas pueden tener diversos estados de ánimo. Pero los adolescentes están especialmente sometidos a los cambios de humor. Esto se debe en parte a las hormonas y en parte, a los cambios vitales que experimentan. ¡Y a veces a las dos cosas! Eso significa que vas a empezar a tener sentimientos nuevos. En ocasiones serás una especie de montaña rusa desde el punto de vista emocional. Pero nunca olvides que, si bien no puedes reprimir tus sentimientos, sí que puedes controlar tus actos.

A continuación se enumeran algunas de las emociones que seguramente experimentarás:

✪ Soledad

Los adolescentes pueden sentirse terriblemente solos, porque sus relaciones con el
mundo y con las personas de su entorno
están empezando a cambiar. No olvides que
todos nos sentimos solos en alguna ocasión.
Es parte de la naturaleza del ser humano.

✪ Enfado

El enfado forma parte de nuestra vida y aprender
a sobrellevarlo no resulta fácil. No intentes repri-
mirlo. ¡Es importante para tu salud que aceptes tus
sentimientos y los expreses de manera
constructiva!

✪ Celos

No es nada agradable, pero a todo el
mundo le muerden los celos de vez en
cuando. Sin embargo, debes tratar de
sobreponerte. Intenta pensar en tus
sentimientos de una forma positiva;
por ejemplo, si estás celosa porque tu mejor amiga
es capaz de hacer reír a todo el mundo, no te sientas
mal. En lugar de eso, escribe una lista de cosas que tú
sepas hacer bien. Todos tenemos cualidades especiales. Aprender a ver las cosas desde el lado positivo es
mejor que perder el tiempo deseando lo que tienen
los demás.

✪ Tristeza

La muerte de una persona de tu entorno podría ejercer un enorme impacto sobre ti. Te sentirías triste, perdida, furiosa, culpable y, en algunos casos, temerosa de tu propia salud.

Superar las penas requiere tiempo, energía y paciencia. Cada uno lleva el duelo a su manera y a su propio ritmo. En un caso así es recomendable hablar de tus sentimientos con alguien en quien confíes. Intenta consolarte pensando que la intensidad de tu dolor irá decreciendo con el tiempo.

La pena no siempre está relacionada con la muerte de una persona. El fin de una amistad o una relación, o el mudarse a otro lugar pueden provocar también sentimientos de tristeza y desconsuelo.

✪ Ansiedad

La ansiedad es un estado de desazón por lo que pueda depararnos un futuro más o menos cercano. Te aliviará encontrar formas de relajarte. Pero si la ansiedad te impide hacer con normalidad las cosas diarias, habla con alguien.

✪ Cambios de humor

Los cambios del estado de ánimo suelen
ser característicos de la adolescencia. Si
pasas de la tristeza a la ira o a la euforia
en cuestión de minutos sentirás que estás
perdiendo el control sobre ti misma. A
veces la causa será el SPM o las hormonas,
otras veces no habrá un motivo concreto.
Si piensas que no eres capaz de controlar tus emociones
y no puedes hacer nada para evitarlo, habla con alguien.

✪ Autoestima

Puede suceder que a veces te falle la autoestima y estés
convencida de no dar la talla en nada. Si tienes esa sensación, te sentirás muy mal contigo misma.

Pregúntate por qué te ocurre eso. Intenta averiguar qué
es lo que te hace sentir mal. No dejes que los pensamien-
tos negativos te impidan disfrutar de la vida. Plantéate
en qué eres buena y encuentra motivos para celebrarlo.

 Sugerencia

Si alguna de tus emociones se desboca
hasta el punto de no poder controlarla,
es importante que pidas ayuda para
averiguar qué es lo que te ocurre.

¿Con quién puedo hablar?

Si las cosas se te ponen muy cuesta arriba, solicita ayuda. No importa a quién te dirijas: a una amiga, a tu hermana o hermano, a un profesor o a tus padres. Lo importante es que sea alguien en quien confíes.

En esa etapa estás aprendiendo a conocerte a ti misma, estás descubriendo quién eres y cómo quieres vivir. No solo tu cuerpo cambia con la pubertad, también tu mente crece y se desarrolla. Algunas de tus amistades se vuelven más sólidas, otras se enfrían. Las relaciones más prolongadas que has mantenido, por ejemplo con tus padres, también se transforman. La razón es que estás desarrollando tu personalidad e intereses propios y te estás convirtiendo en una persona adulta, independiente y segura de sí misma.

En el mejor de los casos la familia es estupenda, te brinda amor incondicional, apoyo y bienestar. Pero otras veces te causa mucho dolor, frustración, desengaños y problemas. Para la mayoría de nosotros la familia es un poco las dos cosas.

Lo mejor que puedes hacer es mantener la comunicación con los tuyos. Intenta hablar de tus actividades del día a día como una forma de crear confianza. Eso no significa que les tengas que contar todo. Pero cuanto más sepan de tu vida cotidiana y de tus cosas diarias, por ejemplo lo que has hecho en clase de mates, menos te preguntarán. Además, de esa forma les demostrarás que eres lo suficientemente madura y sensata como para tomar decisiones propias.

Sugerencia

El escribir tus emociones podrá ayudarte a encontrarles sentido y a asimilarlas. El simple acto de expresar tus sentimientos en palabras te librará del caos y te dará cierta perspectiva y control. Llevar un diario es una gran ayuda. Releer lo escrito también te hará comprender qué te hace sentir así y por qué.

Habla de tus sentimientos

No siempre resulta fácil tratar temas de sentimientos. Por eso es buena idea que planees lo que quieres decir con antelación. Escribe las ideas principales que desees comunicar a tus padres. También puede ser que quieras reflexionar sobre cómo van a reaccionar y la mejor forma de responderles. Es importante que las personas con las que desees hablar te presten su atención. Por ejemplo, puedes decir: «Quiero hablar de algo importante». Eso preparará a tus padres para la conversación.

Intenta comunicarte con ellos cuando no estén demasiado ocupados. También puedes pedirles que te reserven una hora en un momento dado para asegurarte de que cuentas con toda su atención.

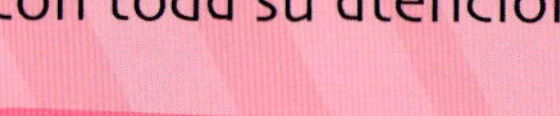

★ Sugerencia

A algunas personas les resulta más fácil expresar sus ideas por escrito. Entrega una nota a tus padres para que la lean. Luego habla con ellos.

Hermanos

Los hermanos son en ocasiones una fuente de diversión y un modelo a imitar, pero también pueden causarte sentimientos de frustración e irritación.

¿Eres igual de amable con ellos que con tus amistades? Si la respuesta es negativa, quizás sea esa la razón por la que ellos te responden de igual forma. No es fácil la convivencia con alguien que acapara el baño, el teléfono, la televisión, el ordenador y la atención de los padres. En ese caso, las peleas son inevitables. Lo mejor es tratar de arreglar las cosas hablando, pero si discutís mucho, habla con tus padres.

Mi hermana y yo nos peleamos todo el rato. ¿Qué puedo hacer?

Si tu hermana y tú siempre estáis riñendo, haz una tregua. ¿Cuál es su golosina favorita? Cómprasela, siéntate con ella e intenta mantener una charla conciliadora. Tratad de pasar más tiempo juntas para conoceros mejor.

Puede ser que tengas celos de ella. En ese caso cuéntaselo. Quizá os deis cuenta de que también envidia cosas de ti.

No dejes que las insignificancias diarias te afecten. ¡La vida es demasiado corta!

Amistades

A medida que creces, la amistad adquiere cada vez más importancia. Para las chicas no hay nada mejor que estar con las amigas. Ellas mejoran nuestra autoestima y nos ayudan a conocernos mejor. Asimismo, nos enseñan a descubrir lo que es importante en la vida, por ejemplo, la alegría, la lealtad y la honestidad.

A medida que te haces más independiente, tus amigas adquieren mayor importancia en tu vida. Como compartes con ellas la escuela y otras actividades al margen de tu casa, es posible que pases más tiempo con ellas que con tus padres.

 Testimonios

Cuando tenía 13 años recuerdo que mi mejor amiga trabó amistad con otra chica y yo me sentí un poco dejada de lado. Hablé con ellas del tema, pero me dijeron que yo era una egoísta, así que decidí salir con otro grupo. Como eran cuatro muchachas era fácil quedar porque siempre había alguien.

Laura, Sevilla

Las amistades pueden causarte complicaciones extraordinarias porque ahora formas parte de un grupo mayor. A veces no es fácil saber qué es lo que realmente quieres o lo que esperan tus amigas de ti.

Esta presión puede ser muy obvia como, por ejemplo, cuando una de la pandilla dice: «Venga mujer, solo un trago. Todo el mundo ha bebido»; o resultar mucho más sutil, simplemente por el hecho de que haya alcohol en una fiesta.

La presión para que todo el mundo haga lo mismo suele ser muy fuerte. Una cosa es adaptarse un poco y otra bien diferente es dejarse llevar por la masa para beber o fumar.

 Sugerencia

Intenta ser amable primero en lugar de esperar que los demás lo sean contigo. Si no sabes qué decir, escucha. Ten en cuenta que a todo el mundo le gusta hablar de sus cosas, así que muestra interés y pregunta.

¿Cómo resistir la presión?

No importa lo cuidadosamente que elijas a tus amistades.
Tarde o temprano experimentarás la presión del grupo.
Si no te sientes cómoda con una situación, es señal de que
no te conviene. Fíate de tu intuición. Ganarás confianza en
ti misma y aprenderás más sobre tu propia personalidad.
Y eso sí es bueno.

Si deseas ir a una fiesta pero te preocupa que haya alcohol,
prepara con antelación tus reacciones. Aprende algunos tru-
cos. Si sujetas en la mano una botella de agua o un refresco
no te preguntarán tan a menudo si quieres tomar una copa.

Las buenas amigas nunca deberían reaccionar mal ante
una negativa. Pero la vida no siempre es tan sencilla. Ten
preparadas algunas excusas que puedas usar para evitar
una situación comprometida. Por ejemplo, si te ofrecen
una copa puedes responder: «No gracias. Mañana tengo
un día duro». O si alguien pretende que fumes le
respondes: «De ninguna manera. Un conocido mío murió
de cáncer del pulmón. ¡Yo no voy a fumar nunca!».

¿Cómo lograr que mi amiga cambie?

Probablemente no sea fácil, pero quizás te des cuenta de que una amiga no es una buena influencia para ti, sobre todo si te hiere, te causa preocupación o te hace sentir mal. Sé honesta contigo misma y con tu amiga (lo que significa hablar con ella y no cotillear a sus espaldas). Si realmente no te conviene salir con esa persona, lo que debes hacer es cortar con ella. Aprovecha lo que hayas aprendido de esa relación para la próxima vez y asegúrate de que aquellas personas a las que les ofrezcas tu amistad en el futuro te respondan al cien por cien.

Sugerencia

Defiende a una amiga a la que estén presionado y seguramente ella hará lo mismo por ti. El hecho de contar con el apoyo de alguien en una situación de presión de grupo es una gran ayuda para resistir.

Flechazos

No hay por qué tener novio. Puede ser que te sientas presionada por otras personas o incluso por ti misma al comenzar una relación. Pero estar sola es también estupendo. Gozarás de gran independencia, libertad y confianza en ti misma.

Las razones por las que algunas personas se atraen son a veces obvias y a veces un completo misterio. Así que la próxima vez que a una amiga le guste alguien con quien tú no quisieras que te vieran ni muerta, no te partas de la risa en el pasillo y piensa que no todo en la vida es el aspecto físico. Lo mejor del amor es que no hay reglas. La personalidad, los intereses comunes, el humor, la inteligencia: todo ello forma parte del juego. Y a cada persona le atraen diferentes cosas.

Flechazo

Enamorarse puede ser muy bonito, pero también resultar terriblemente doloroso. Hay enamoramientos muy intensos y flechazos pasajeros. Cuando te enamoras perdidamente de alguien (sobre todo si esa persona no sabe que existes) puedes sentirte muy herida. ¡Por algo se llama flechazo! Quizás desees una relación con la persona de la que te hayas enamorado o quizás no.

¿Es verdadero amor?

Cuando te enamoras de una persona no siempre es fácil saber lo que piensa. Además, tu estado de ánimo cambia continuamente: a veces te sientes en la cima del mundo y un instante después estás sollozando sobre la almohada. Todo es tan intenso, excitante e increíblemente duro…

Al pasar de una fase de flechazo o de amistad a una relación romántica, quizás te sientas algo confusa y desconcertada. Pero eso no es amor verdadero, porque aún no ha habido tiempo de experimentar la cercanía que necesita un auténtico romance.

Una cosa es segura: durante la pubertad no podrás evitar sonrojarte en alguna ocasión.

¿Por qué nos sonrojamos?

Es algo biológico. Cuando nuestro organismo se las ve con algo que puede ser muy embarazoso, no sabe si enfrentarse a la situación o salir corriendo. Puede que mentalmente desees desaparecer lo más deprisa posible, pero tus piernas no te obedezcan. Para intentar que te muevas, el cerebro envía la orden de bombear más sangre a los músculos con el fin de hacerlos más fuertes y rápidos. Parte de esa sangre sube a tu cara y por eso te sonrojas.

⭐ Sugerencia

No te tomes muy en serio a ti misma. Simplemente encógete de hombros y ríete con toda naturalidad.

Cómo sobreponerse al sonrojo

Por desgracia no hay ninguna formula mágica para evitar que se te enciendan las mejillas, pero sí podrás hacer algo para que te resulte menos penoso:

⭐ No pienses en ello. La próxima vez que notes que las mejillas te arden, piensa en otra cosa. Intenta recordar una fecha de una lección de historia o calcula de memoria una operación matemática. Antes de que te des cuenta, el sonrojo habrá desaparecido totalmente.

⭐ Intenta distraer la atención. Cambia de tema. Si los demás ven que actúas como si no pasara nada, tenderán a hacer lo mismo.

⭐ Le sucede a todo el mundo. No olvides que todo el mundo se sonroja, incluso los famosos. Así que ¡arriba la cabeza! No tienes por qué avergonzarte.

⭐ Conserva la calma. Respira hondo y no te dejes agobiar por la situación. No es tan grave como crees.

¿Qué puedo hacer?

Responde a este cuestionario para averiguarlo:

1. Tu madre coloca una pancarta delante de casa con el siguiente texto: «Felicidades. ¡Ya eres una mujer!» para celebrar tu primera regla. ¿Qué dices?

a. «¡Mamá! ¿Pero cómo has podido?» Luego te agazapas en el sofá con los brazos cruzados y el ceño fruncido.

b. «¡Pero mamá, si la regla me llegó el año pasado!»

c. «Espera a que cumplas cuarenta años. ¡Te vas a enterar!»

2. Es tu primer día en la nueva escuela y un grupo de chicas te aborda para hablar contigo. ¿Cómo reaccionas?

a. No puedes ni hablar. Te quedas con la boca abierta.

b. Exclamas: «¡Guau! ¿Os caigo bien? Entonces vamos a comer juntas. Luego podéis venir a mi casa y mañana quedamos para venir a la escuela».

c. Dices simplemente «hola» y te muestras amable.

3. Tus amigas están en la puerta de tu casa. Tu madre les comenta lo bien que te queda el sujetador que llevas debajo de la sudadera.

a. Te pones furiosa y le espetas: «Eres penosa. ¡Te odio!» antes de salir dando un portazo.

b. Haces una exhibición desfilando con poses ostentosas y levantando los tirantes.

c. «Gracias, mamá. A mí también me gusta.»

4. Estás en la escuela. De pronto se te cae la bolsa y un tampón rueda por el pasillo delante de todo el mundo. ¿Cómo reaccionas?

a. Sales corriendo y no paras hasta casa.

b. Todos se ríen. Tú también.

c. Dices con parsimonia: «¡Uy, menos mal que no era uno usado!» Lo recoges y haces ver que no pasa nada.

5. Tu padre insiste en interpretar una canción pop delante de tus amigas.

a. Te quedas rígida en la puerta, horrorizada, incapaz de moverte ni de articular palabra.

b. Exclamas: «¡A que es guay mi padre!»

c. Dices: «No te preocupes. La práctica hace al maestro».

¿Has dado la talla? Pasa página para averiguarlo…

Resultados

Mayoría respuestas a

La verdad es que este capítulo te viene al pelo. Pero no te preocupes, hay esperanza. Intenta relajarte. Recuerda que correr puede ser efectivo, pero no da una buena imagen precisamente y, desde luego, no resuelve nada. Piensa que las cosas no son tan espeluznantes ni tan terribles como crees.

Mayoría de respuestas b

Normalmente para superar las situaciones embarazosas te las arreglas haciendo el payaso. Te encanta hacer bromas. El humor es una forma estupenda de salir airosa de cualquier situación, pero nunca lo utilices para avergonzar a otras personas.

Mayoría de respuestas c

¡Vaya! Desde luego te las apañas sola para salir airosa de las situaciones más penosas. Seguramente no necesites este capítulo, pero ¿por qué no leerlo igualmente? Podrías encontrar un par de sugerencias para tu repertorio.

¿Cómo puedo sentirme menos cohibida?

Todo el mundo tiene dudas e inseguridades, aunque algunas personas no lo demuestren.

A medida que vayas superando los incidentes embarazosos que te depare la vida, tendrás más éxito en salir airosa de ellos. No dudes de que, independientemente de lo penosa que sea una situación, a alguien en algún lugar le habrá ocurrido lo mismo.

Regla núm. 1 para ser guay: no es lo que haces, sino cómo lo haces.
Regla núm. 2 para ser guay: recupera la compostura, rápida y calmadamente.
Regla núm. 3 para ser guay: no exageres intentando impresionar. Al final podría ser contraproducente.

Sugerencia

Las siguientes son reacciones erróneas después de haber sufrido algún incidente desagradable: «Me siento estúpida», «Me odio a mí misma», «Todos creerán que soy boba», etc.

Por el contrario, lo mejor será decirte a ti misma: «Seguro que no ha sido para tanto. Probablemente ya lo hayan olvidado todos». Con esa actitud, superarás cualquier situación.

A continuación, se enumeran algunos consejos para no perder la compostura:

⭐ **Sé una precursora.** Te has dejado caer por casa de una amiga. Cuando te abre la puerta exclama con ironía: «¡Qué guapa!». Es entonces cuando te das cuenta de que tienes la blusa abierta y se te ve el sujetador. Simplemente sonríe y contesta: «Guay ¿no?». Confía en ti misma y saldrás airosa de cualquier situación.

⭐ **Actúa con humor.** La gente popular nunca tiene miedo de hacer cosas estúpidas. Así que la próxima vez que al entrar en clase alguien se ría porque tienes un trozo de papel pegado en la suela del zapato, simplemente sonríe y salúdale. Así demostrarás que no te tomas tan en serio.

⭐ **Quiérete a ti misma.** A veces es difícil sobreponerse a la vergüenza. Pero la próxima vez que tengas que ir a una fiesta con un enorme grano en la nariz no te escondas en una esquina. Una buena idea es escribir un diario de sucesos felices. Es decir, cada vez que te hagan un cumplido o que hagas algo bien, apúntalo. Así podrás recurrir al diario siempre que te haga falta recordar lo maravillosa que eres.

Chicos

Su aspecto es diferente.
Hablan diferente.
¡Piensan diferente!

Uno de los efectos de la pubertad es que empezarás a interesarte más por el sexo opuesto. Así que sigue leyendo si deseas saber más sobre los chicos...

En los chicos es distinto

A los chicos les preocupan los cambios que experimentan tanto como a ti y comparten muchas de tus inquietudes.

La pubertad masculina se inicia entre los 11 y los 14 años. Por lo general, los muchachos suelen empezar un poco más tarde que las chicas ¡pero pronto las alcanzan!

El desarrollo de los chicos se inicia de forma interna, cuando sus testículos comienzan a producir hormonas sexuales masculinas. A continuación, se enumeran algunos de los primeros cambios que experimentan:

- ✪ Les crece el vello facial.
- ✪ El pene aumenta de tamaño.
- ✪ Se incrementan el peso y la altura.
- ✪ La voz se hace más grave.
- ✪ Les sale vello por todo el cuerpo, sobre todo en el pubis y las axilas.
- ✪ Tienen una mayor sudoración corporal.
- ✪ Se les ensanchan los hombros y el pecho.
- ✪ El pelo y la piel se hacen más grasientos.
- ✪ El pene eyacula esperma.
- ✪ Les crecen las manos y los pies.

Los chicos se preocupan también por el vello, aunque por lo general no se depilan. A ellos les sale pelo en brazos, hombros y piernas y, a veces, en el pecho y el vientre.

A los chicos les crece el vello alrededor del pene y los testículos, y en las axilas.

También les sale una barba incipiente y empiezan a afeitarse, bien en seco con una maquinilla eléctrica, bien con una cuchilla, agua y espuma.

✓ Nota informativa

Cuando los chicos entran en la pubertad cambian la voz, que se hace mucho más grave. La laringe les crece tanto que se hace visible como una protuberancia en el cuello llamada *nuez de Adán*. Cuanto más grande es la laringe, más grave será el timbre de la voz.

En el interior

Una de las partes del cuerpo donde los chicos notan mayores cambios es en la entrepierna.

Entre bambalinas se producen muchos cambios.
Los testículos de los chicos comienzan a producir esperma y el pene se les pone rígido y erecto de vez en cuando.
A continuación se muestra el diagrama de un pene con los principales términos indicados al lado.

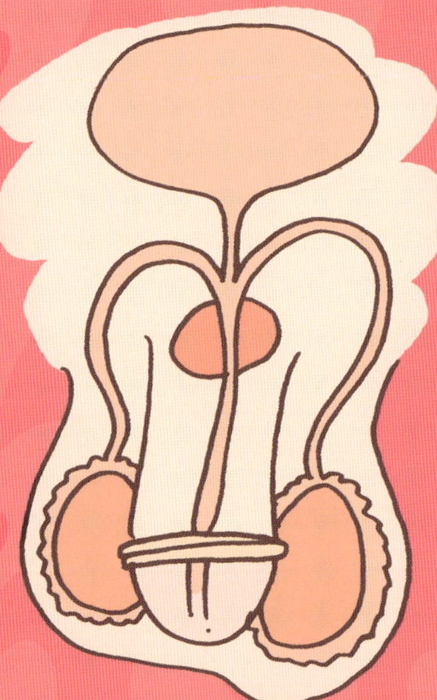

Vejiga: contiene la orina.

Uretra: conducto por el que pasan la orina y el semen.

Prepucio: piel que recubre el extremo del pene.

Testículos: producen el esperma.

Glande: extremo grueso y sensible del pene.

Escroto: piel que recubre los testículos.

Cuando los chicos tienen una erección, la sangre fluye hacia su pene y este se dilata. Los músculos del pene se tensan para contener tal cantidad de sangre.

Los chicos tienen erecciones de forma arbitraria y en los sitios más inoportunos, lo que puede resultarles realmente embarazoso. Sin embargo, es algo perfectamente normal y una de las nuevas experiencias de la pubertad.

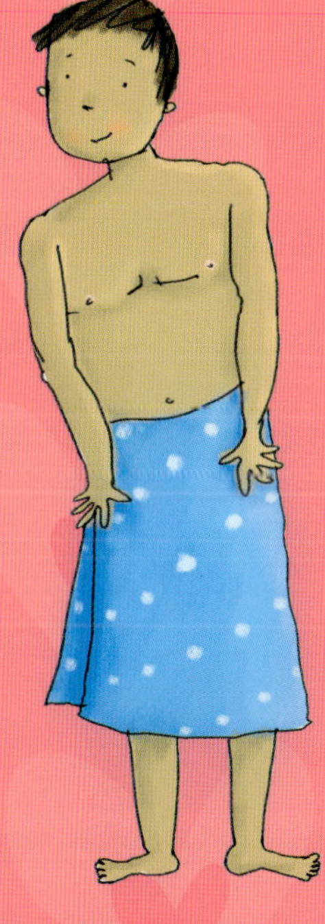

La mayoría de los chicos se preocupa por el tamaño del pene, sobre todo durante la pubertad, pero de hecho la mayoría de los penes adultos erectos son de dimensiones similares. Sin embargo, el proceso de desarrollo puede ser lento. A veces pasan años antes de que se noten los cambios tras crecer los testículos.

Muchos chicos se jactan de su pene pero a la mayoría ¡ya les gustaría!

Uno de los efectos de la pubertad es que te empiezan a gustar más los chicos. Desde luego, eso no significa que te despiertes una mañana desesperada por tener novio. Pero sí que ya no te parecerán tan chulos y molestos; seguramente empezarás a salir y a entablar amistad con ellos.

📖 Testimonios

Yo había sido amiga de mi vecino durante mucho tiempo, desde que teníamos unos cuatro años. Pero entonces entramos en la pubertad y me di cuenta de que me gustaba. Me empezó a dar vergüenza que viniera a mi casa, mientras que antes solíamos charlar durante horas. Solamente cuando le oí contarle a un amigo que yo me estaba comportando de manera muy rara conseguí superarlo y volví a tratarle de forma natural. ¡Aún se debe de preguntar por qué estuve tan rara esa temporada!

Raquel, Córdoba

¡Socorro!
¿Tienes un dilema?
Cualquiera que sea tu problema encontrarás la respuesta en esta sección...
79

P. Todas mis amigas se burlan de mí porque dicen que me he enamorado del profe de mates. Es mi favorito y me gusta mucho pero ¿cómo puedo parar esos rumores? ¡Me moriría si él llegara a oírlos!

R. Intenta no preocuparte demasiado por ello. Todas las chicas se enamoran de profesores o profesoras. Es simplemente una fase por la que pasas cuando tienes la necesidad de que alguien o algo sea el objeto de tu afecto. Es perfectamente normal. Cuando tus amigas te tomen el pelo, ignóralas o ríete con ellas. Puedes decir en broma que sí, que tuviste un flechazo, pero que ya eres demasiado madura para este tipo de cosas.
Y por otro lado ¿qué pasa con la diferencia de edad?

A medida que te hagas mayor aprenderás que nadie es perfecto, ni siquiera tus ídolos. Y seguramente te empiece a gustar la gente de tu edad.

80

P. Conozco a mi mejor amiga desde el comienzo de primaria. Ahora que estamos en secundaria ha empezado a ser muy desagradable conmigo y me dice todo el tiempo lo que tengo que hacer. Sale con otras chicas y creo que se burlan de mí. Ella les susurra cosas al oído y parece que hablan de mí. ¿Qué puedo hacer?

R. Por desgracia, al asistir a una nueva escuela puede suceder que los viejos amigos cambien también sin una razón precisa. Quizá tu amiga desee pertenecer a una nueva pandilla y mantenerse a distancia durante una temporada. En lugar de preocuparte por ello, intenta hacer tus propias amistades. Concentra tu energía en conocer a otras chicas con las que tengas cosas en común y no te preocupes por tu mejor amiga. Tú también puedes distanciarte de ella durante una temporada. Cuando vea lo popular que eres con tus nuevas amigas seguramente al final regresará. Y si ese no fuera el caso, tus nuevas amigas ocuparán su lugar.

P. Mi familia se acaba de mudar y yo acudo a una nueva escuela. Pero soy muy tímida y me resulta muy difícil hacer nuevas amistades.

R. Es una situación muy difícil hacer amigos en un nuevo entorno. Se necesita mucho coraje para acercarse por primera vez a un grupo de personas extrañas. Respira hondo y simplemente dirígete a un grupo de chicas, preséntate y espera a ver qué pasa.
Una buena idea para conocer gente es realizar alguna actividad extraescolar, por ejemplo, unirse a algún grupo de teatro. Actuar es una estupenda forma de superar la timidez y podrás hacer nuevas amistades.

P. Estoy preocupada por una amiga. Vomita todo lo que come. He intentado convencerla de que no lo haga, pero no me hace caso. Dice que está gorda. ¿Qué puedo hacer?

R. Haces bien en preocuparte por tu amiga y es bueno que cuides de ella. Puede ser que padezca bulimia y esa es una enfermedad muy seria. Tienes que decírselo a un adulto inmediatamente. Habla con tus padres, con un profesor o con cualquier persona mayor en la que confíes. Tu amiga necesita cariño y apoyo. Quizás al principio crea que has traicionado su confianza, pero debes tener paciencia y seguir ayudándola. Ya llegará el día en el que se dé cuenta de lo que has hecho por ella.

P. Para mí sería muy fácil volver caminando de la escuela a casa porque no vivo lejos. Todos mis amigos vuelven a pie. Pero mi madre insiste en recogerme con el coche. ¿Cómo puedo convencerla de que me deje volver andando?

R. Un primer paso sería preguntar a tu madre si puede ir a recogerte a la escuela a pie en lugar de utilizar el coche. Así las dos podríais caminar hasta casa, lo que sería un buen ejercicio y ¡también ayudaría a descongestionar el tráfico! Solo cuando tu madre se convenza de que no corres ningún peligro te dejará ir sola. Si tienes alguna amiga que viva cerca podrías ir y volver con ella. Esto seguramente acabaría convenciendo a tu madre. Habla con ella y pregúntale qué le parece la idea. Seguro que llegáis a un compromiso, pero al principio no insistas demasiado. A veces ser paciente es la mejor táctica.

P. Soy muy alta para mi edad y mucho más alta que mi novio. Los dos tenemos 13 años y a veces oigo que la gente se burla de nosotros a nuestras espaldas.

R. No te preocupes. Obviamente a tu novio no le importa. Las chicas y los chicos crecen a diferente velocidad. Hay gente que pega el estirón con 12 años, otros no dejan de desarrollarse hasta que tienen 20 o más. Algunas de tus amigas y también tu novio te alcanzarán algún día. ¿De verdad crees que eso importa? Alégrate de ser esbelta. A los hombres les gustan las mujeres altas.

R. La verdad es que quizás no puedas librarte de tus granos por completo. Si son tan terribles, habla con el médico para ver qué te recomienda. Puede que necesites una medicación especial.

La mayoría de tus amigas también tendrán granos y, por suerte, el acné suele desaparecer antes de la veintena.

P. ¿Qué pasa si me viene la regla cuando no estoy en casa y no tengo ni compresas ni tampones? ¿Traspasará?

R. Si te viene la regla fuera de casa, no te preocupes. Intenta hacer una compresa provisional con papel higié-nico. Si puedes, pregunta a alguna profesora, en la enfer-mería de la escuela o a una amiga si te puede prestar una.

Si te sientes más tranquila, anúdate un jersey a la cintura, pero las posibilidades de que la gente se dé cuenta son prácticamente nulas.

P. Mis padres están divorciados. Cada fin de semana lo paso con mi padre, pero odio a mi madrastra. No la soporto. Le hace la pelota a mi padre, pero es todo fingido. En el fondo él siempre hace lo que ella dice. Y mi padre no para de comprarle regalos. La odio con todas mis fuerzas.

R. Es muy difícil mantener una buena relación con las nuevas parejas de los padres. Pero tendrás que hacer de tripas corazón e intentar entenderte con ella. Tus sentimientos y celos son totalmente comprensibles, pero trata de llevarte bien con ella por tu padre. Tu madrastra debe de tener alguna buena cualidad, si no tu padre no se habría casado con ella.

Si de verdad crees que las cosas no mejoran, intenta hablar con calma con tu padre para ver si podéis encontrar otra solución.

P. Consumo continuamente comida basura. Estoy muy delgada pero me preocupa llegar a engordar. ¿Cómo puedo dejar de tomar comida que no es sana?.

R. Consumir comida basura de vez en cuando no es un desastre. Solo necesitas equilibrarla con otro tipo de alimentos más sanos.
Trata de dejar ese tipo de comida poco a poco. Será más fácil que si la dejas de comer de golpe. Elige algunos tentempiés saludables que te gusten y no olvides que es más fácil permitirse un placer de vez en cuando que empezar una dieta estricta sin nada de comida basura.

89

R. Es normal compararse con las amigas, pero debes saber que por cada chica que se preocupa porque su pecho es pequeño, hay una chica que se preocupa porque el suyo ha crecido demasiado rápido y es muy grande. Cada cuerpo se desarrolla a su tiempo, así que es posible que tu pecho aumente de tamaño en un futuro cercano. Elige ropa con la que te sientas cómoda y segura. Tienes suerte de poder no llevar sujetador. Además, ¡hay muchas prendas que sientan mejor a las chicas con poco pecho!

P. Hay un chico de un curso superior que me gusta mucho y al que yo creo que también le gusto. Pero a mí me da vergüenza dar el primer paso y no entiendo por qué el no dice nada. ¡Qué complicado!

R. A los chicos les cuesta mucho aproximarse a las chicas. Seguramente a él le dé tanta vergüenza como a ti. Muchas personas esconden sus sentimientos porque tienen miedo al rechazo. Pero no hay razón por la que una chica no pueda acercarse a un chico. No tiene por qué ser él quien dé el primer paso. Incluso a algunos chicos les halaga esa actitud. Significa que a la chica le gusta mucho el muchacho. Así que intenta reunir el coraje suficiente para hablar con él. Una vez hecho el primer movimiento lo demás no será difícil. Puedes proponerle ir al cine con un grupo de amigos. ¡Una vez que estéis juntos y relajados puede que se produzca el romance!

91

Glosario

acné
Infección que provoca que la piel se llene de granos y enrojezca. El acné se puede tratar, así que si crees padecerlo consulta con tu médico.

bacterias
Formas de vida microscópica; algunas son dañinas y otras beneficiosas para la salud.

cambios de humor
Cuando te sientes alternativamente muy enérgica y feliz, y enseguida abatida y malhumorada. El humor variable viene provocado por los cambios hormonales del organismo y es algo perfectamente normal.

célula
Unidad de vida más pequeña. Todos los seres vivos están formados por células. Algunos como las bacterias pueden estar formados por una única célula

ciclo menstrual
Número de días entre una regla y la siguiente.

compresa
Tira desechable de celulosa u otro material similar que sirve para absorber el flujo menstrual de la mujer durante la regla para que pueda desarrollar sus actividades cotidianas con normalidad.

desodorante
Sustancia de aroma agradable que se puede aplicar como aerosol después de una ducha para evitar el mal olor corporal. También hay desodorante en *roll-on*.

esperma
Células en forma de renacuajos que producen los testículos. Están contenidas en el semen que se expulsa al eyacular y pueden fecundar el óvulo de una mujer.

estrógenos
Hormonas sexuales femeninas.

genitales
Órganos sexuales externos masculinos o femeninos. En el caso de los hombres son el pene y los testículos, y en el caso de las mujeres, la vagina.

grano
Protuberancia de la piel causada por la suciedad y la grasa acumuladas que obstruyen los poros. Lo más común es que salgan en la cara y el cuello, pero pueden aparecer en otras partes del cuerpo, como los brazos y la espalda.

hormonas
Sustancias químicas del organismo que, entre otras cosas, condicionan el crecimiento y el desarrollo durante la pubertad.

ovarios
Órganos de la mujer que producen un óvulo aproximadamente cada mes.

poro
Pequeños orificios de la piel. Cuando quedan obstruidos por la suciedad o la grasa, suelen formarse granos.

presión del grupo
Término que describe la presión que ejercen los amigos o compañeros de clase para obligar a alguien a hacer algo que no desea.

pubertad
Término que describe los cambios físicos que experimenta un chico al convertirse en un hombre o una chica al convertirse en una mujer.

punto negro
Grano visible en forma de punto negro que sale cuando la suciedad obstruye un poro.

regla
Cuando un óvulo no ha sido fertilizado, el organismo femenino lo expulsa por la vagina. También expulsa el suave tejido que recubre el útero. Esa hemorragia es lo que se denomina período o regla y sucede aproximadamente una vez al mes.

sexo
Condición, masculina o femenina, a la que pertenece cada persona.

síndrome del *shock* tóxico
Infección bacteriana que puede estar causada por el uso de un tampón durante demasiado tiempo.

síndrome premenstrual (SPM)
Término que describe el estado emocional en el que se encuentran algunas mujeres justo antes del comienzo de la regla.

tampón
Rollo de celulosa que usan las mujeres en lugar de las compresas para absorber la sangre de la regla.

testosterona
Hormona sexual masculina.

vello púbico
Vello que crece alrededor de los genitales.

Índice alfabético

acné 31, 36, 86
alcohol 61, 62, 90
alimentación y dieta 33, 44-48
altura 41, 85
amistades 56, 60-63, 81-83
andrógenos 28, 34
aspecto físico 40-42
autoestima 55, 60
cambios de humor 26, 27, 52, 55
carbohidratos 44
cera 39
cérvix 18, 23
chicos 42, 73-78, 91
compresas 24, 87
crema depilatoria 38
desodorante 35
ejercicio 26, 48-50
estrías 13
familia 56-59, 88
flechazo 65, 80
fumar 62
granos 28, 30, 33, 86
herpes 32
hormonas 9, 19, 26, 34, 36,
    52
independencia 84
maquillaje 31

novio 64-65, 85
órganos sexuales 4, 18-19, 76
ovarios 10, 19
peso 5, 40
pezones 9, 10, 11, 12-13
piel 28-34
pinzas de depilar 38
presión del grupo 61, 62, 63
protección contra el sol 31, 34
rasurado 39
regla 4, 11, 18, 20-27, 34, 68, 87
sentimientos 52-58
síndrome del *shock* tóxico (SST) 25
sonrojo 66-67
SPM (síndrome premenstrual)
    26-27
sudor 34, 35
sujetador 11, 14-17, 69
tampones 22-23, 25, 69
técnicas depilatorias 37, 38-39
trastornos alimentarios 83
tristeza 54
trompas de Falopio 19
útero (matriz) 18
vagina 18, 22
vello 36-39
vitaminas 45